LA ROYAUTÉ.

Le roi légitime n'est pas une personne ;
il n'est pas une institution ; il est l'institution universelle dans laquelle sont placées
toutes les autres. (*M. Royer-Collard*, 1820.)

PARIS,

A. PIHAN DELAFOREST,

IMPRIMEUR DE MONSIEUR LE DAUPHIN ET DE LA COUR DE CASSATION,
Rue des Noyers, n° 37.
1829.

« Qu'elle vienne, cette majorité factieuse, dominer la
« chambre, suspendre le ministère et attirer le pouvoir
« dans ses mains ;... et qu'ici, à cette tribune, un minis-
« tère digne du roi et de la France, l'accuse en face; et
« son imposture sera confondue....

« Que s'il en est besoin, ce ministère donne au mo-
« narque le noble conseil de se fier à ses peuples et de les
« prendre à témoins, entre lui et les ennemis déclarés de
« la couronne.... Non, la France ne veut pas que le roi
« rende son épée, ni qu'il soit prisonnier des factions,
« quelles qu'elles soient. (*M. Royer-Collard*, 1820.)

« Le gouvernement représentatif est un gouvernement
« de composition amiable et perpétuelle. Veut-on mé-
« connaître cette vérité, il devient impraticable.......

« S'il arrivait surtout que les chambres vinssent à user
« de leur droit, sans en vouloir reconnaître les justes bor-
« nes, par cela seul, celui du roi serait complètement an-
« nulé. (*M. le baron Pasquier*, 1829.)

« La chambre que l'on ne pourrait plus dissoudre,
« exercerait elle-même le pouvoir de dissoudre la mo-
« narchie. (*M. le vicomte Laîné*, 1820.)

« Incomparable dynastie! N'est-ce pas du chaos, sinon du néant, qu'autour d'elle, que par elle, a été créée la patrie.

« Qu'était la France, lors de l'avènement de la maison régnante? Son domaine, alors resserré sous les étroites limites de la Loire et de la Somme. Qu'est la France après huit siècles écoulés sous de tels auspices? Sa conquête, maintenant étendue entre trois mers lointaines.

« Si jamais un roi fut en droit de disposer d'un peuple, c'eût été le roi sans lequel il n'existait pas de peuple, ce serait le roi sans lequel il n'existerait plus de peuple.

« Et voyez, lorsqu'une tempête enleva le chef de l'Etat, comment pour prévenir la dissolution de la société, il a fallu que la terreur, que la tyrannie vinssent la comprimer sous une chaîne d'airain.

. . . .

« Le roi perdu, la France est perdue, l'Europe est perdue.

« Au dedans, on se divise, on se déchire : et

les crises se succèdent, les formes se supplantent. Le sceptre tombe de plus en plus bas, s'abîme enfin et se perd dans la boue ; sans que, pour le relever, un treize vendémiaire, un dix-huit brumaire, puissent désormais enfanter le sauveur de l'anarchie.

« Au dehors, les cabinets s'émeuvent et les peuples se troublent ; il faut ou que la révolution rapide comme l'éclair, dévorante comme la foudre, embrase sur l'heure même tout le continent ; ou que les armées enorgueillies de l'Europe se ruent encore une fois, contre les troupes mal ralliées de la France : lutte fatale dont les succès comme les revers, un jour ou l'autre, aboutissent à la conflagration générale.

. . . .

« Non, ce n'est pas le coup mortel.

« En France, de même que le roi ne meurt pas, la royauté ne meurt pas non plus : on la verrait encore, ainsi que le fabuleux oiseau, renaître de ses cendres depuis long-temps glacées.

« Vaine espèce humaine ! qu'elle veuille ou non, qu'elle agisse ou non, la force des choses la mène, la ramène.

« Et cette royauté de France qui sert de jouet aux uns, qui paraît aux autres comme un fétu, c'est encore le noyau, le pivot de la civilisation humaine : si bien qu'il faudrait à ceux-là même,

dont les coups auraient renversé ses autels, ac-
courir bientôt la larme à l'œil et l'effroi dans le
cœur, pour les relever, pour y replacer l'objet de
notre culte. »

(*La nouvelle Chambre*, 8 décembre 1827.)

Eh mais! ils en savent autant que nous, c'est-
à-dire les chefs de bande; car les sectaires ne
savent ni ceci, ni cela, ni rien : l'opinion leur est
jetée, en façon de boulettes empoisonnées qui
passent sans obstacles à travers le gosier.

Ils le savent bien; veut-on en acquérir la preuve?
qu'on essaie de leur donner à craindre l'abdica-
tion du roi.

Et mieux vaudrait mille fois que le Roi ab-
diquât, acte volontaire, acte magnanime, que s'il
se laissait asservir, acte qui n'a pas de nom dans la
langue, au moins pour notre dynastie.

Le roi abdique. C'est comme si le soleil dont
l'influence indicible, ineffable, pénètre et vivifie
toute la nature, se retirait de nos terres, emme-
nant à sa suite et la lumière et la chaleur.

Le roi abdique. Que ferons-nous de ce bloc
de marbre, disait le sculpteur grec ? un vase ou
une statue? Que ferons-nous de ce bloc, de cette
masse de peuple, informe aussi, impassible aussi?
Une république ou une monarchie?

Une république ! comment l'imposer à ces

êtres, qui tous sont absorbés par de sordides intérêts, dont pas un peut-être, ne sait, ne sent ce que c'est que la chose publique?

Une monarchie ! où prendre, où enlever la tête à affubler de cette couronne d'occasion? Jamais la plus insigne trahison ne se prêterait à accepter la charge odieuse : jamais la plus insensée politique ne s'offrirait à courber le front sous le poids écrasant.

Que la faction quête plutôt dans ses rangs. Les prétendans sont presque en même nombre que ces parvenus qui, ayant déja franchi tant de degrés de bas en haut, s'imaginent que le dernier pas ne coûte pas plus que le premier.

Pour les contenter, il y aurait à faire sauter la couronne d'une tête à l'autre, de jour en jour, de minute en minute; ou à diviser la contrée en mille et mille fractions de souveraineté.

Au premier bruit que le Roi abdique, on verrait et les loyales, les perverses ames, et les nobles, les lâches caractères, et les grands, les petits esprits, tous d'accord enfin, tous d'une voix unanime, s'écrier :

« Sire, nous sommes votre peuple et vous êtes
« notre roi : disposez de nous, sauvez-nous d'eux,
« préservez-nous de nous-mêmes. »

(7)

« Si je voulais gouverner sans la charte, je ne le pourrais pas : et si je le pouvais , je ne le voudrais pas. »

Peut-être de telles paroles ne sont pas sorties de l'auguste bouche : mais, certes, une telle pensée est vivante dans l'ame royale.

C'est ailleurs, c'est au plus loin, c'est à l'autre extrémité, que se trament les complots contre la charte; car enfin, on est forcé de convenir que cet acte devenu synallagmatique, peut de même être violé par l'une ou par l'autre partie engagée.

La couronne n'est-elle pas, au moins un des trois pouvoirs ? n'est-elle pas, au moins par le fait reconnu et dès-lors passé en droit, le pouvoir incréé, le pouvoir créateur ?

Or ce pouvoir est investi d'une prérogative : et cette prérogative se réalise par son exercice : et cet exercice consiste en tels et tels actes : et un de ces actes, le seul de ces actes qui soit opéré dans la plénitude de la volonté, a lieu dans la nomination des ministres.

De là, en repoussant les choix , en rejetant les effets de l'acte, on annulle l'acte, on abolit l'exercice , on anéantit la prérogative, on abat la royauté.

Et, la chambre élective supplante la couronne, puis expulsant la pairie, demeure unique, absolue , despote : car il faut que l'autorité politique dont la somme est toujours d'égale intensité, se concentre dans un seul pouvoir, aussitôt qu'elle n'est plus répartie entre les trois pouvoirs.

Mais qui donc a brisé l'équilibre, a rompu le balancement des pouvoirs? qui donc a détruit la charte ?

Encore, en quelle façon s'accomplit cette manœuvre attentatoire à nos institutions?

La majorité s'est-elle donné une armée parlementaire ? a-t-elle élevé drapeau contre drapeau, et enrôlé frère contre frère, et arrosé le pays de son propre sang ?

Plût au ciel ! Devant le feu, il n'y a plus à reculer, à céder du terrain, à baisser la tête ; sur le champ de bataille, les armes sont les mêmes.

Non : la faction a pris une voie moins périlleuse : elle s'est installée au faîte : et planant par-dessus toutes les existences, elle se dit, ou elle agit comme si elle se disait : *l'Etat, c'est moi.*

Le refus des subsides ne signifie pas autre chose.

Voilà le ci - devant royaume : et (que Dieu pardonne le blasphème), voilà le ci - devant roi.

Il n'y a que six mille ans depuis la création du monde : il y a tantôt mille ans depuis l'avè nement de la dynastie ; et le cours des choses, d'abord bouleversé, puis restauré, allait au gré des hommes de bien et de sens.

Or le royaume était gouverné et le roi gouvernait : ce qui avait lieu à l'aide des subsides fournis par le royaume, au moyen des services réglés par le roi.

Soudain les subsides sont retirés ; et partant les services se retirent : d'où il arrive que le royaume et le roi ne sont plus en rapport, que le royaume est sans roi, comme le roi sans royaume.

La chambre aura fait un grand coup.

On ne le nie pas : on prétend seulement que ce n'est point la haine, que c'est plutôt l'amour du trône qui a motivé une telle résolution.

« Le trône était trahi ou se trahissait lui-même, on ne sait trop lequel : le devoir appelait à le sauver, ou des mouvemens de sa volonté, ou des agens de sa volonté. »

Les gens sont bien connus : dans les recoins les plus obscurs de l'abîme des cœurs, nul n'en doute, il n'y a pas d'autre pensée.

Pourtant si le roi ne veut pas être sauvé, ne veut pas se laisser sauver ; car on dispose de la puissance et on ne dispose pas de la volonté : que faire ou du moins que dire ?

Mais le roi est libre, parfaitement libre ; soit de garder ses ministres pour régir un royaume qui n'existera plus, soit de garder son royaume pour être régi par des ministres qui ne lui appartiendront pas.

Telle est l'alternative, dont les deux termes se réduisent à cette fin identique, qu'il n'y a plus de roi.

Bonnes gens, simples gens, gardez-vous donc de croire : ce n'est pas qu'on soit effrayé des ministres; ce n'est pas qu'on tremble pour la charte.

La place est en état de tenir au moins quelques instans, de se défendre jusqu'à l'arrivée secourable des chambres : et qui pourrait supposer qu'au nom du pouvoir créateur, qu'en face des pouvoirs créés, une bouche, une plume, fussent assez mal-avisées pour commander l'assaut?

Croyez plutôt : au compte des meneurs, ce fut une bonne fortune, hors de prix, que l'avènement de certains noms, devant lesquels il leur paraît plus facile d'ameuter les haines, d'exalter les craintes.

« Ah ! se disent-ils : nous en aurons bientôt raison; et après les avoir renversés, si nous ne les remplaçons pas nous-mêmes, il faudra peu de

peine pour renverser ceux qui les auront rem-
placés.

« Un jour ou l'autre, nous parvenons au faîte :
et alors comment nous comportons-nous?

« Cela dépend : si le trône a conservé encore
quelque force morale, quelque ascendant, nous
nous mettons sous sa garde, nous nous couvrons
de ses armes, nous nous retranchons derrière ses
remparts. Ainsi, nous régnons, car c'est le point
capital, sans qu'il nous importe en rien que ce soit
en dépit de nos bandes déja licenciées.

« Mais la lutte aura été longue : et par conséquent au terme du triomphe, l'ennemi, c'est-à-
dire le trône, vaincu, dompté, aura perdu tout
crédit, tout empire, même au sein des rangs les
plus fidèles.

« En ce cas, la règle est tracée : nous achevons,
nous enterrons le trône. Il serait fou de repousser
la destinée qui sourit, sous prétexte d'accomplir
on ne sait quel devoir. »

Ce sont là les voies sur lesquelles la fatalité
pousse et précipite, qu'ils le veuillent ou non,
qu'ils y songent ou non, les malheureux qui se
mirent en route du mauvais pied.

Revenons en arrière.

Cette tumultueuse conspiration ne s'élève point
en vue du salut de la charte, qui, au contraire,
est menacée de tomber sous ses coups.

Elle ne s'élève pas en vue de la crainte des ministres, dont, au contraire, la nomination promet, ce semble, de nouvelles chances de succès.

Nul ne l'ignore : tant que le Roi possède le plein exercice de sa prérogative, c'est chose presque insignifiante que tels ou tels hommes se montrent sur l'horizon politique.

Le cabinet apparaît-il malveillant, ou maladroit, ou malheureux ? Cela suffit.

Est-ce donc qu'un cœur de roi, qu'un œil de roi, ne sent rien, ne voit rien ? Est-ce donc que l'attrait de quelques noms l'emporterait sur le sentiment même injuste, sur le sentiment prolongé de ses peuples.

Les noms seront changés si les peuples ne changent : un cabinet succédera à celui-ci, et lui-même sera remplacé par un autre : l'alphabet fournit un espace indéfini ; le choix a largement à se promener, depuis A. B, C, jusqu'à X, Y, Z.

Or, que fait-on en déchaînant les furies de la haine et de la rage, en lançant les traits empoisonnés de la diffamation.

Que fait-on en se portant jusqu'à ce degré inouï d'insolence, de commander à la couronne, de blâmer et menacer la couronne.

Il est des gens qui le savent trop : la couronne à qui on commande est avilie si elle fléchit ; la couronne qu'on menace est honnie si elle faiblit : et toujours, elle est perdue.

Pourtant si, dans ces momens même, elle flé-chissait, elle faiblissait, peut-être l'amour encore vivant, le respect mal éteint, la relèveraient-ils d'une faute, d'une erreur, provenant d'un excès de bonté.

Qu'elle soit ferme plutôt, qu'elle reste inflexible, et les attaques devenant de plus en plus forcenées, en raison de la résistance plus prolongée, on aura la fin.

Aujourd'hui, le trône serait ébranlé, demain il sera brisé.

Cela est donc avéré.

Les ministres servent de point de mire; le cabinet est pris pour champ de bataille. Que çe soient les ministres actuels, ou leurs devanciers, ou leurs successeurs, la guerre se servant d'armes différentes, sera de même une guerre d'extermination.

Il n'y aura trève qu'après avoir enlevé à la pointe de l'épée les sièges du cabinet; il n'y aura paix qu'après avoir mis à néant la prérogative de la couronne.

Dans la vérité, la prérogative ne s'exerce librement et pleinement que dans l'acte de la nomination des ministres : car une fois saisis des portefeuilles, en s'enveloppant sous le manteau de la responsabilité, ils se dérobent à l'influence de la couronne.

C'est dans cet acte seul où elle respire; c'est dans cet acte même qu'il convient de l'attaquer, de l'étouffer.

Pour peu que la prérogative garde un principe de vie, il lui est loisible d'aviser à l'état de l'opinion, d'y approprier à un certain point le cabinet; et, chose étrange, en se trompant parfois, en variant trop souvent, l'abus même consacre le droit, consolide l'ascendant.

Mais alors que la prérogative aurait été frappée de mort, la honte dont est saisie la royauté, le mépris qui s'appesantit sur elle, ne lui permettent plus de ressusciter en sa vigueur première. De façon que le sort du ministère existant à l'époque fatale, est resserré entre ces deux termes : ou de tyranniser n'étant plus sous le coup de la destitution, ou de se laisser mener au gré des caprices de la Chambre.

Il faut abattre la prérogative, se dit-on d'un bord : il faut maintenir la prérogative, s'écrie-t-on de l'autre bord.

Là, est le combat, et le combat est à outrance.

Toutefois, pour les défenseurs, non plus que pour les agresseurs, il n'est nullement question de la nomination faite de telles personnes, mais seulement de la nomination faite par la couronne.

La couronne a usé d'un droit, du droit le plus précieux : un acte, un fait en résulte. Est-il fâcheux ? Le droit demeure pour remédier au mal : serait-il funeste au plus haut degré, la violation, la destruction du droit rendrait le mal incurable.

Ainsi l'entendent les amis de l'ordre, les alliés de l'autorité : si bien que le cas advenant, on les verrait soutenir de toute leur puissance, par cela seul qu'il émanerait du droit suprême, du droit tutélaire, tel choix éphémère de sa nature, qui contrarierait le plus leurs vœux et leurs espoirs, qui les tourmenterait des plus sinistres présages.

Non sans se réserver d'éclairer par des conseils, s'il y avait lieu, la religion surprise du monarque, et de combattre, même au risque de lui déplaire, les projets erronés du cabinet.

Que l'ame se retire du corps ! il reste un froid et morne squelette, une carcasse calcaire, dont la tête rencontrée par les fossoyeurs, est jetée d'un coup de pelle.

Que la prérogative soit enlevée au trône ! il reste quelques planches recouvertes de velours, sur lesquelles s'élancent et se combattent et se renversent tour à tour, les saltimbanques de l'ambition.

Chose triste et pourtant vraie ! Pour le repos, pour le maintien de l'ordre social, mieux vaudrait mille fois l'usurpation flagrante qui se serait saisie de la prérogative, que l'antique légitimité qui s'en laisserait déposséder.

Ailleurs a été dite la loi des sujets; ici est dite la loi du prince.

Que ses ministres soient blâmés dans leurs actes, soient accusés et condamnés pour leurs actes ; ces actes sont de leur fait : rien de mieux.

Que les ministres soient attaqués, injuriés, diffamés, au seul bruit de leurs noms; ces noms sont de son choix : rien de pire.

Et c'est à la menace surtout que le devoir commande de résister : c'est à la violence, d'autant qu'elle est plus effrénée, que l'honneur défend de céder.

La force a-t-elle raison? elle est de même en tort : la force aurait-elle de bonnes intentions? elle serait de même criminelle dans l'exécution.

D'un seul coup, la force tue le droit : et se jouant de son premier triomphe, se promenant de hasard en hasard, répugnant à se fixer à demeure, rarement il est donné au droit de renaître sous les auspices du temps.

Or, l'être du prince (1), y compris ses attributs, c'est le droit, immuable, inviolable; et le parti, ou plutôt les partis, car l'aggrégation factice se brise aussitôt, se divise en mille fractions hostiles, le parti, c'est la force, instable, variable.

Le prince périt-il, en sa personne ? Après quelques instans d'anarchie, un prince lui succède, puis un autre, toujours un prince : et l'Etat vit ou renaît.

Le droit périt-il dans le prince ? Après une longue crise d'anarchie, il est besoin, pour qu'il ressuscite, d'un plus long règne de l'ordre : et l'Etat languit, s'éteint peut-être.

---

(1) La légitimité rend sensible à tous dans une image révérée, le droit, ce noble apanage de l'espèce humaine, le droit sans lequel il n'y a rien sur la terre...

Une société nouvelle s'était élevée : cette société était barbare ; elle n'avait pas trouvé, ni acquis le vrai principe de la civilisation, le droit...

La légitimité qui seule en avait conservé le dépôt, pouvait seule le lui rendre ; elle le lui a rendu. Avec la race royale, le droit a commencé à lui apparaître. (*M. Royer-Collard*, 1820.)

« Les électeurs sont en mouvement, en contact, d'une part irrités contre les mesures ministérielles, de l'autre poussés par des partis hostiles envers le cabinet et dissidens entre eux.

« De là, un certain nombre se retire de la mêlée, se renferme dans l'enceinte de l'indifférence : et la perte est pour le trône dont ils étaient les amis.

« Du reste, c'est l'époque fatale : il faut se prononcer, chose que la prudence remettait de jour en jour. L'intrigue, l'exemple, le respect humain l'exigent.

« On disait à tort, quant aux chambres, que la démocratie coulait à pleins bords : on dirait avec raison, dans les occurences actuelles, que la marée montante de l'opinion entre à pleins flots, dans les canaux du libéralisme.

« Le royalisme ne fera aucune conquête ; et voyez combien de recrues volontaires, de conscrits enlevés, se rangent sous les drapeaux ennemis.

« Ils auront pris rang : l'esprit de corps s'en empare ; un sentiment d'honneur, tout faux qu'il est, les enchaîne : et la honte, la crainte, ferment toute issue.

. . . .

« La brièveté des délais n'a pas manqué de ravir les moyens de se rapprocher, de se concerter.

« Le coup est mortel pour les royalistes : entre eux les relations sont moins intimes, moins fréquentes ; parmi eux il y a plus d'indépendance, plus de rivalités. Le faisceau perd toute sa force si des liens ne le serrent.

« Il ne s'est pas même formé un comité central pour les royalistes de l'opposition : il n'a point été possible de dénombrer leurs rangs, de les présenter en ligne, et d'offrir des transactions, d'obtenir des concessions mutuelles.

« Au contraire le libéralisme formait un corps, autour duquel ont été ainsi attirés pendant cette crise, les débris, les fragmens épars du royalisme.

« L'opinion libérale a dicté les choix : et sous le coup de fouet, dans la vivacité de l'action, elle s'est emportée elle-même : car l'exercice de la raison requiert du calme et du temps, au lieu qu'à la minute même, la folie s'émeut et s'anime.

. . . .

« Or la chambre procréée sous l'influence de ces diverses circonstances, ne représente point le pays, dans le vrai sens, ne rend point l'expression de l'opinion réfléchie.

« Attendu qu'au sein de chaque parti ou plutôt dans le seul parti qui ait fait corps, les élections ne se sont point opérées avec maturité et ont été emportées dans un moment de fougue ;

« Attendu qu'entre les royalistes et les libéraux, l'alliance a été forcée de la part des premiers, imposant des sacrifices sans rapporter de profits ; et que l'union ne s'est point établie, de sorte à répartir les élus en proportion des votans, de sorte à contenir les choix sous une ligne mitoyenne.

« Ces considérations d'ordre majeur, en montrant quelle est la force et quelles sont les ressources de la royauté, indiquent à la justice, que cette chambre ne doit pas être appelée à prononcer sur les intérêts vitaux du pays, enseignent à la sagesse que cette chambre doit être le plus tôt possible reprise dans ses fondemens. »

(*La nouvelle Chambre*, 8 décembre 1827.)

Voilà la vérité : dans le récit, il apparaît d'abord ce caractère qui lui est particulier, d'être saisie, d'être rendue à l'heure même : puis il apparaîtra ce signe qui ne se trouve qu'en elle, d'être maudite par les passions, dont le mensonge fait la fortune.

Voilà la vérité : et comme sa connaissance n'est que relativement et point absolument profitable, à Dieu ne plaise qu'elle eût été révélée de nouveau; si les temps n'étaient pas chargés d'orages, si les éclairs n'éclataient pas coup sur coup, du sein de ces sombres nues qui la voilent.

Ici, que la chambre écoute en silence, écoute avec respect : la chambre est partie et n'est pas juge : c'est au sujet de son titre même, c'est sur le point de son origine, qu'il y a discussion.

Et certes, nul ne prétend que ce qui est de fait, passe à l'instant au rang de ce qui est de droit; nul ne s'imagine qu'au-dessus de la loi du hasard, il n'y ait pas quelque loi de justice ou du moins de raison.

Le choix des députés est censé rendre l'expression de la volonté des électeurs : et pour qu'une volonté privée s'exprime, il faut qu'elle existe, c'est-à-dire qu'elle se soit formée en plein repos, qu'elle se soit fixée pendant une certaine durée.

Pour qu'une volonté commune s'exprime, il faut de même qu'elle existe, c'est-à-dire qu'elle soit extraite au moyen du débat et de l'accord, de la masse anomale des volontés privées.

Or, rien de tout cela n'a eu lieu.

De plus, qu'est-ce que la volonté, sinon la mise

en mouvement de l'opinion : et dans l'efferves-
cence des passions long-temps comprimées, alors
libérées, sous le coup et le contre-coup des in-
fluences exercées en sens contraire, comment une
opinion vraie aurait-elle pu régler le résultat de
ces élections survenues à l'improviste et terminées
en un bref délai.

Il s'y est montré une opinion : mais une opinion d'emprunt et non de jugement ; une opinion
de circonstance et non de conscience ; une opinion d'ivresse et non de sang-froid ; enfin, car
c'est même chose, une opinion de l'instant seul et
non du jour suivant, non de l'année prochaine,
non de l'existence entière.

Comment ! parce qu'au quart d'heure du scrutin, les électeurs ont voulu ou cru vouloir, telle
chose, telle personne, il s'ensuivra que pendant
sept ans, la personne devra ou croira devoir accomplir la chose, qui ne fut jamais bien entendue,
qui peut-être aussitôt cessa d'être désirée.

Cela va à l'absurde.

Tout va à l'absurde, en ce qui tient à l'absolu :
par cela même que l'esprit humain, qui ne voit
qu'une face à la fois, et voit tantôt l'une, tantôt
l'autre, est nécessairement confiné sous les plus
étroites limites du relatif, du provisoire, du con-
ditionnel.

On a vu que la royauté en son essence, sem-

blait toucher à l'infini : on voit que la chambre ,
par son origine, tombe à un degré très inférieur
du fini.

Qu'elle vienne donc refuser les subsides : et
qu'elle ne rencontre point de résistance !

Aussi bien, elle ira ensuite jusqu'à détrôner le
roi : car là où le droit moral, où le pouvoir légal
sont violés, si la première atteinte ne se voit pas
sur-le-champ réprimée, la barrière sacrée étant
franchie, l'espace illicite étant indéfini, l'impul-
sion abandonnée à son cours, emportera au-delà
de toute imagination.

Du bord de la chambre, un seul pas en dehors
de la ligne ; du bord de la couronne, le moindre
recul en deçà de la ligne, vont ensevelir la patrie
dans l'abîme.

Ici, il faut tenter de s'élever à un nouvel ordre
d'idées, à un ordre transcendant d'idées , lequel
ne ressort point, ne dépend point du code des
stipulations , rassemblées sous le titre de la
charte ; et dérive cependant du même principe
dont est dérivée la charte , mais en y prenant sa
source de plus haut ; et réside essentiellement en
ce principe, au lieu que la charte ne s'y rapporte
qu'en une façon accidentelle : lequel , en consé-

quence, se tient à l'abri des attaques, se montre à l'appel des menaces qui proviendraient de la charte, de l'ordre légal.

La loi de l'homme est constamment soumise à la loi des choses; sa volonté, sa pensée même, ne sont point douées d'atteindre au fond, sont limitées à régler les formes. Il leur faut procéder par la voie périlleuse des fictions, à la lumière équivoque des présomptions.

Aussitôt qu'il s'est entendu lui-même, l'esprit humain a parlé, et s'est dit, non sans raison.

« Dans la nature, tout a vie, tout est en harmonie; rien n'est nul et stérile. La cause emporte une fin; les moyens enfantent des droits.

« L'intelligence étant donnée, elle doit être exercée justement au point où elle est parvenue; et, dans ce rapport, elle doit régir exclusivement l'intérêt privé, régir concurremment les intérêts ralliés ou l'intérêt public.

« Mais l'intelligence est dispensée à des degrés différens, est répartie entre un nombre immense d'individus; il n'y pas moyen d'extraire de cette foule de volontés, un vœu général, un vœu unique.

« La loi se voit forcée de restreindre l'exercice de la volonté, en tant qu'il est question de l'intérêt public, dans un cercle tracé sur l'échelle des capacités relatives. »

Ainsi parla, l'esprit ou plutôt l'instinct, lequel n'est à bien dire que l'esprit naïf, que l'esprit commun du genre humain.

Et malheur aux empires, où des politiques à vue trouble et louche, font mépris des droits progressivement attribués par l'Eternel, dans la mesure du développement de la perfectibilité sociale, dont le principe fut par un effet de sa grace, inoculé à sa créature favorite,

Où de prétendus hommes d'État, font mépris des moyens applicables en la même raison, au maintien de l'ordre et aux progrès du bien-être, à l'aide de cet accord précieux des volontés, de ce puissant concours des intelligences, qui résultent du système, connu sous le nom vague et faux de représentatif.

Et malheur aussi, aux peuples que de vains sophismes égarent, que des factions perfides entraînent jusqu'à pousser au-delà du juste degré, du degré possible, les conséquences naturelles d'un tel système ; car en franchissant la limite ou seulement en forçant le mouvement, d'abord on aura ébranlé, abattu, ce qui existait, et qui du moins, à ce titre, appelait le respect, apportait un appui ; puis, on ne saura comment fonder, édifier, ce qui doit apparaître en place, soit par le défaut des ressources matérielles, soit par le manque des pouvoirs intellectuels.

Nous en sommes là.

Qu'on suive les factieux ; ils font leur métier, et l'Etat est perdu.

Qu'on se fie au roi ; il fera son devoir, et l'Etat sera sauvé.

Le droit du roi, le délit des factieux sont également faciles à reconnaître.

Sur les débris de ces dogmes primitifs, le droit divin des couronnes et la suprématie du Saint-Siège, s'élance et s'agite le principe plus vivace de la souveraineté du peuple.

Or, c'est peine oiseuse que de se débattre sur la vérité et la fausseté de quoi que ce soit, devant la nécessité qui commande, que de se mettre en quête des idéalités, en ces temps qu'ont envahis les réalités.

Contre le principe de la souveraineté du peuple, une objection seulement est bonne à faire.

C'est qu'il ne peut être mis en pratique.

Essentiellement, l'attribution du droit serait personnelle et la participation à l'acte serait égale : la majorité numérique ferait autorité.

Et ne disons pas que le premier mouvement de la majorité tendrait à dépouiller, à exterminer la minorité : donnant l'exemple le plus séduisant, à la nouvelle majorité qui se formerait dans l'ancienne devenue ainsi la totalité : sans qu'il y eût une fin possible, que sous le morne règne du dernier survivant.

Mais à l'égard des intérêts sociaux, en tout pays,

à peine un centième des individus enfouis dans la masse nationale, est susceptible d'avoir autre chose qu'une opinion d'emprunt ou de hasard, qu'une volonté de commande ou de caprice.

Le reste est à rayer.

C'est un centième qui bravement sans risque et sottement sans profit, exercerait la souveraineté du peuple, de force répudiée par la grande masse.

Encore en France, ce centième est diminué des quatre cinquièmes, est restreint au cinq centième.

Lequel cinq centième, au moins pour les trois quarts, élit sans trop y songer et sans y rien entendre, quatre cents organes ou mandataires toujours faillibles, parfois perfides, qui une fois sur leurs sièges, se disent les maîtres, même se font les maîtres s'il y a lieu.

Dans cette formation de l'autorité parlementaire, on voit que la majorité légalement calculée, doit toujours rester au-dessous d'un cinq centième, et moralement appréciée, ne peut guère atteindre au deux millième.

Donc elle ne se rapporte point, ne se rattache point au principe de la souveraineté du peuple.

Donc elle est fondée seulement sur ces deux présomptions, que les intérêts généraux seront mieux soutenus par des députés que par des ministres, et que le balancement des pouvoirs parviendra à régler les mouvemens, à rectifier la direction.

Tout est fiction et présomption; tout est d'un ordre équivoque.

En point de fait, il y a seulement des pouvoirs corrélatifs, coréactifs.

C'était justice que les intérêts en se compliquant, que les lumières en se répandant, que les volontés en se prononçant, fussent appelés vers un centre, fussent concentrés dans un foyer.

C'était prudence que l'antique dynastie écoutât la société nouvelle, ralliât les corps militaires, judiciaires, administratifs, élevât le rempart des chambres au-devant des intrigues de cour.

Et quinze années ont fortifié encore les motifs déterminans de justice, de prudence.

Mais la représentation étant fictive, étant conventionnelle, n'a aucun titre à se prévaloir au-dessus de la royauté, ni même de la pairie, par l'artifice d'un *veto* obstiné, ou d'une initiative impérieuse.

La représentation étant temporaire et variable, il n'est pas prescrit de plier sous ses volontés qui ne seront pas celles de la Chambre suivante, devant ses velléités qui ne seront pas celles de la session prochaine.

La représentation étant tantôt faussée dans l'é-
lection même, tantôt fausse à l'égard de l'opinion
générale, il est défendu d'obéir à des votes qui
seraient étrangers ou contraires aux intérêts du
pays.

C'est ainsi que l'esprit, l'instinct de l'homme
s'est compris lui - même ou du moins doit être
compris.

En première ligne, les intérêts ont droit à être
garantis dans leur existence et protégés dans leur
croissance.

En seconde ligne, les intelligences ont titre
à être interrogées et les volontés à être con-
sultées.

Or, dans l'ordre social, tout est intérêt : et
à Dieu ne plaise que l'intérêt moral et intellectuel
ne soit pas mis au-dessus de l'intérêt matériel et
sensuel !

Tout est intérêt : tous ont des intérêts, également sacrés, sans acception de leur importance ;
ou pour mieux dire, proportionnellement sacrés,
en raison de leur ténuité absolue, qui les rapproche
des limites de la nécessité, et par conséquent,
en raison inverse de leur intensité relative.

Tel est le principe capital, qui sans doute était

en lieu d'être opposé à l'aristocratie féodale, et qui est encore plus en lieu d'être opposé à l'oligarchie électorale.

Tous ont des intérêts. Et fort peu ont une intelligence sous le point de vue des questions politiques; et beaucoup moins ont une volonté, dans l'absence de l'engouement des passions, de l'influence des excitations; les unes et les autres qui l'entraînent, et l'isolent de l'intelligence, la retournent contre l'intérêt vrai.

Dans aucune chambre élective (1), il n'est représenté, pour se servir de cette expression banale, qu'une petite fraction des intelligences, dont le plus grand nombre n'est point appelé ou ne s'emploie pas à la confection de l'œuvre; qu'une fraction minime des volontés, dont la grande majorité est inhabile à concevoir ou impuissante à concourir.

Et comment donc admettre que telle chambre

____

(1) Il faut en excepter la chambre des communes, dont chaque membre, élu par telle faible ou forte section de votans, aussitôt son entrée au parlement, se rallie à la masse analogue, se réduit à en être une partie aliquote; et sort de la mémoire, l'intérêt propre de ses électeurs; dont tous les membres de l'un et l'autre parti, ainsi confondus dans un être simple et compact, mettant de côté toutes notions, toutes tentations de sorte personnelle ou de sorte locale, votent sous la dictée de l'opinion collatérale du pays, toujours éclairée, toujours concertée.

existante en ce jour, que toute chambre existante
à l'avenir, et encore sous le type de la majorité,
souvent si mince, si variable, soit douée à titre
souverain, non pas d'avoir constamment une volonté juste et sage, ce que personne ne suppose,
mais bien d'avoir une autorité exclusive, absolue, comme quelques-uns osent le prétendre :

En telle façon que le dépouillement de l'urne
fatale, ne fût-ce que par l'excédant d'une seule
boule, ferait la loi; d'abord, car ici la pairie ne
compte plus, d'abord au roi, puis aux peuples : et
en rentrant dans la question débattue, déferait et
réferait le cabinet, aussi bien demain qu'aujour-
d'hui, et sans doute autrement demain qu'aujourd'hui.

« Non : car c'est un gouvernement de composition amiable et perpétuelle;

« Non : car si les chambres abusaient de leur
droit, par cela seul, celui du roi serait an-
nulé.

« Non : car en pressant avec rigueur les conséquences de ces deux droits, tout deviendrait
impossible. » (*M. le baron Pasquier*, 1829.)

Que si au mépris de l'éclatante parole de
l'homme d'État, si en dépit du cri instinctif des
gens de bonne foi, la majorité mal conseillée allait
soutenir qu'il lui faut un ministère dans son sens,
à son goût; et conséquemment, qu'à chaque fois

qu'elle varie par le changement des votans ou des votes, il faudra sans fin et sans cesse inventer un nouveau ministère dans le sens et au goût du quart d'heure?

Alors comme alors !

Alors, il reste le roi : il y a encore, il y a seulement le roi, duquel émana la charte, tant accueillie dans les temps, auquel retourne la charte ainsi violée, annulée.

La création est mise à néant et le créateur demeure en sa force : le principe survit aux conséquences.

Alors, encore, il y a le roi : et ses devoirs, ses moyens sont puisés à la même source, se confondent en un même cours.

Le roi est le représentant conjoint des intérêts appelés au scrutin des collèges : et à ce titre, la charge lui incombe, de veiller à ce que leurs votes s'opèrent par un acte de volonté véritable, à ce que les élus agissent dans la direction de leurs libres vœux, et surtout dans celle de leurs besoins réels.

Le roi est le tuteur naturel de ces mêmes intérêts, jadis tenus en état de minorité, par le double défaut des lumières et des lois, maintenant rendus de nouveau à l'état de minorité, par les erreurs de la passion et par l'artifice des factions :

Et à ce titre, la tâche lui est imposée de préserver l'opinion générale des atteintes de l'opinion partielle, de garantir l'opinion durable, des écarts de l'opinion passagère ; même de prendre sous sa garde et couvrir de son égide, les besoins positifs contre le prestige des opinions factices, ce semble prédestinés à leur ruine.

De plus, le Roi est le représentant obligé, le représentant unique des intérêts, dont chaque fraction est d'un poids insignifiant, dont la masse est éminemment prépondérante, qui ne sont point représentés d'après les formes légales, qui sont tenus à l'écart et mis à part ; non sans le juste motif de leur impuissance à se faire valoir, mais aussi sous le faux prétexte de leur certitude d'être défendus en même temps que les autres.

Or quels intérêts, sous le rapport du nombre, que ceux de trente millions d'être passifs, sauf l'exception et en comparaison de soixante mille citoyens actifs !

Quels intérêts, sous le rapport du travail allié à la misère, des mœurs tenant aux habitudes, de la religion prise de naissance et seule soutenant l'existence !

Quels intérêts, sous le rapport de la rénovation insensible de la société, dont les rangs, les classes favorisées par le sort, tendent à s'altérer, à se corrompre, à s'éteindre ; et que vient rajeunir et régénérer , cette jeunesse élevée dans la retraite, éduquée sous la peine, imprégnée de force.

Telle est la mission du prince; mission inévitablement déléguée par la nature même des choses, mission également prescrite en devoir et pourvue de moyens, sous quelque régime que ce soit.

Et sans doute, cette mission d'ordre primitif rencontrera des résistances, éprouvera des envahissemens de la part des institutions d'ordre secondaire.

Sans doute , le Prince qui seul est en droit, en état de faire instruire le débat et de prêter main-forte à l'arrêt, agit ainsi en vertu et suivant le mode du pouvoir discrétionnaire.

Sans doute, ce mode ainsi que toutes les choses remises aux soins de notre vaine race, en même temps qu'il est enjoint par les lois de la nécessité, ne laisse pas que d'exposer à des périls imminens.

Mais aussi l'autorité royale n'est investie de cette mission, n'est asservie à ces prescriptions, qu'alors que les autres pouvoirs sont sortis de la règle formelle, se sont lancés en dehors de leur sphère.

Tant qu'il n'y aura point de perturbation dans le mécanisme social , il ne sera point fait appel à l'exercice du pouvoir suprême.

Jamais du fait de la royauté, de ce pouvoir créateur, modérateur, conservateur, on ne verra cesser d'être, le gouvernement de composition amiable et perpétuelle.

« De qui vient la faute ? A qui va le blâme ? Entre qui se partagent la faute et le blâme ?

« Toute recherche serait oiseuse, délicate, périlleuse : seulement il faut entendre que ce qui est, naît de ce qui fut, enfante ce qui sera.

« Les preuves sont flagrantes : cette section du peuple, qui est investie d'un droit politique ou qui intervient dans les débats politiques, se montre en grande partie, aliénée, au moins d'esprit, si ce n'est de cœur, du gouvernement royal.

« Et dès-lors que cette section est seule douée de force, est seule mise en mouvement, on doit la considérer comme une société distincte, dans la société commune, comme la nation en tant que constituée.

« Et malgré qu'elle ne soit qu'une minime fraction de la masse numérique des Français, on ne doit examiner que ses erremens, que sa tendance, quant aux crises politiques.

« Or, tandis que leurs compatriotes n'ont pas été émancipés de l'état de sujets, les membres de cette société revêtus du titre privilégié de citoyens, se sentant forts, se trouvant unis, aussitôt qu'ils sont aliénés du gouvernement, tendent à s'organiser sous une forme quelconque.

« De là les habitudes prises dans les mauvais jours, se renouent ; les relations se multiplient et se consolident à chaque occasion. Bientôt on voit apparaître une sorte d'être social, lequel à défaut du chef maintenant répudié, n'aspire qu'à se créer une tête nouvelle qui le rallie, qui le conduise.

« La loi est irrévocable : tel nombre de mécontens devient un parti, une ligue ; et se donne des guides dont il entend se servir pour ses fins, des maîtres plutôt qui entendent s'en servir dans leurs vues.

« Si le nombre s'élève à la majorité de la nation constituée, qui seule compte et pèse quant aux résultats ; alors c'est cette nation qui devient un parti ; c'est la même nation que régit un autre chef.

« Nous en sommes là : et nous n'en resterons pas là. Car il y a dans cette nation ainsi métamorphosée, une vive tendance au mouvement, une grande puissance de ralliement, surtout une obéissance servile au commandement. (*La nouvelle Chambre*, 8 décembre 1827). »

C'est en ces termes qu'à l'instant de leur soudaine apparition, furent révélés des présages mémorables, qui se prolongeaient jusqu'en des temps incertains et équivoques; comme pour imprimer plus profondément la nécessité d'en détourner le cours menaçant : car il y avait encore moyen de conjurer les périls à l'aide de la fermeté, de la prudence; et les désastres ne sont venus qu'à leur défaut, manifester la vérité des paroles.

Mais le pouvoir méconnut sa force; et tremblant ce semble, d'être contraint à user du remède, il préféra ne pas reconnaître le mal : le pouvoir n'osant lutter contre le torrent, se laissa entraîner par le flot rapide, non sans en augmenter la puissance, du poids de son influence.

Maintenant il n'y a plus à douter, à nier : même il n'y a plus à plier, à céder : car la faction a cessé de demander, en est venue à commander.

Telle est l'insolence anticipée, qu'à peine la victime s'avançant de plein gré vers les autels du sacrifice, serait cordialement acceptée; et qu'en punition de s'être présentée trop tard, de s'offrir avec mauvaise grâce, les insultes ne lui seraient pas épargnées.

Position prospère et propice au reste; où au plus lâche comme au plus brave, la même loi est faite; où c'est de force, qu'il faut combattre, et triompher ou succomber, et redevenir libre ou se rendre esclave :

Si jamais on cédait !

Eh! qu'on compare seulement les différens degrés d'irritation, sous l'avant dernier ministère et sous le ministère actuel : et prenant pour troisième terme de la proportion, la crise de fougue qui éclata lors de la retraite de celui-là, on obtiendra la connaissance des accès de furie et de rage qui se manifesteraient au renvoi forcé de celui-ci.

Ce serait un torrent de même, mais un torrent de feu : lequel au lieu de noyer les campagnes sous une couche infecte de vase et de fange, brûle et consume tout ce qui s'élève sur le sol, tout ce qui est implanté dans le sol, ne laissant en arrière de son cours, qu'un sombre tourbillon de fumée.

Si jamais on cédait !

Eh! qu'on ait pitié du moins, si le salut de la monarchie ne semble pas mériter quelque effort de résistance, de ces malheureux qui auront mis le feu et soufflé la flamme et nourri l'incendie, prédestinés à lui fournir au prix de leur existence, des alimens successifs.

Si jamais on cédait !

Mais qui céderait ? le roi sans doute. Et à qui céderait-il ? Certes, non pas à son peuple, au seul peuple.

Ce peuple là ne commande pas du tout, même ne demande pas assez : et le roi n'a de vœux que pour lui céder ou plutôt lui concéder ; le roi n'a point de motif de lui résister, si c'était qu'il eut le moyen de réclamer.

Le roi ne céderait pas au vrai peuple, au seul peuple : car puisque la majorité fait autorité, puisque la majorité donne raison, porte justice, et qui plus est, prête main forte ; encore faut-il calculer la majorité au sein de la masse nationale, dont chaque membre est de même fondé dans la déclaration des droits de l'homme ; encore faut-il reconnaître la majorité, plutôt dans un excédant de tant de millions d'ames, contre si peu de milliers ou de centaines d'esprits, que dans quelque surplus de boules, d'un dixième peut-être, au creux de l'abîme du scrutin.

Au contraire, le roi céderait conjointement et solidairement, avec le seul peuple : le roi tuteur de nécessité, obligerait à céder, son peuple mineur de nécessité.

Mais à qui céderaient-ils l'un portant l'autre ?

Est-il besoin de le répéter ? au peuple fictif, à la société conventionnelle, à la nation constitutionnalisée ; autrement à cette sorte d'états électoraux, érigés par la loi de la permanence des listes ; autrement à la commission intermédiaire, bullée en vertu de leurs votes et séante sur les siéges de la Chambre des députés.

En est-ce assez ? Non : car l'analyse n'est pas

poussée au dernier terme, n'est pas rendue à sa fin innée, au point du vrai.

Si c'est que dans la commission intermédiaire, les opinions, ou pour mieux dire, les volontés qui parlent en leur nom, ont parfois une apparence plausible de maturité, ont un caractère au moins probable de fixité ; qu'y a-t-il donc dans ces états souverains de départemens et d'arrondissemens, ressuscités des us du dix-huitième siècle, et habillés à la mode de l'an mil huit cent vingt-huit?

Rien du tout : ni en fait de notions d'où puissent s'extraire des opinions politiques ; ni en fait d'opinions, d'où doivent émaner des volontés précises ; ni en fait de volontés par conséquent.

Rien du tout : sauf des votes jetés sur le papier, qui, sous l'inspiration des passions aveugles, disent ce qu'on veut en idée, et non ce qu'on voudra en réalité ; ou qui, à l'instigation des factions traîtresses, disent ce qu'on a fait accroire, et non ce qu'on doit croire.

Des opinions qui ne sont pas à soi, des volontés qui ne sont pas de soi, voilà ce que dégorge l'urne du scrutin.

Et c'est à cela, que le roi, que le peuple, iraient sacrifier leurs intérêts, leurs droits, leurs vœux !

Pourquoi les plus téméraires menaces ont-elles forcé à déchirer le voile, à découvrir la vérité, dont la lumière était invoquée pour tracer les voies à travers d'épaisses ténèbres.

Il faut poursuivre; certain de rencontrer dans l'exposition des faits, les preuves les plus signalées, à l'appui de l'investigation du droit.

Il faut poursuivre; non pas honteux que le talent soit tellement inférieur à la tâche imposée; mais regrettant avec amertume, que le tableau commandé par la conscience et accompli dans la pensée, doive sortir à peine ébauché, du travail de la plume.

Où sommes-nous? où allons-nous?

Si c'était qu'elle daignât y répondre, la faction aurait seulement à dire qu'elle ne sait pas où nous allons, où elle va.

On peut voir comment ses desseins étant toujours pareils, ses discours deviennent de plus en plus différens.

D'abord, à l'appel d'espérances encore peu vives et sous le coup de craintes alors plus fortes, le langage garde quelque retenue, ne s'émancipe que par boutades.

Puis, et peu à peu, les espérances portées à un haut point, les craintes réduites en même raison, font monter sensiblement le diapazon de l'audace.

Enfin, et maintenant plus que jamais, quelques démonstrations de résistance, succédant à l'abandon de concessions successives, jettent hors de toute mesure, poussent aux dernières extrémités.

Au moment d'atteindre le but, voilà qu'il menace d'échapper à la main prête à le saisir : au jour convenu, au lieu marqué pour le triomphe, voilà que l'abîme paraît s'entr'ouvrir.

On conçoit la rage : et la rage ne se conçoit plus elle-même.

Qu'on en fasse l'épreuve ? qu'on mette à l'improviste, sous l'œil hagard de la faction, un corps d'extraits de ses propres feuilles : c'est comme le miroir d'Ubalde. Livrée à des mouvemens opposés, la faction nie à la première vue, avoue après l'examen, et aussitôt rougit, frémit, ce semble transportée, non pas au jour même, mais à la veille d'un tardif repentir.

C'est qu'après être née une faction; après avoir vécu une faction, tant qu'elle fut nourrie d'espoirs, une faction simplement et froidement conspiratrice; à l'instant terrible où le sol se dérobe sous ses pas, où un recul forcé la rejette à une grande distance de ses fins, d'un coup de baguette de la fatalité, elle change de nature, elle est métamorphosée en une passion ardente, effrénée, qui ne couve plus le triomphe maintenant imaginaire, et seulement se débat dans l'impuissance, s'agite en esprit de vengeance.

Tellement qu'elle ne ment plus aux autres, car elle se ment à elle-même, qu'elle ne trompe plus personne, avant de s'être trompée elle-même.

Tellement encore, que si ses paroles portaient effet, si ses leçons portaient fruit, elle resterait terrifiée et stupéfaite devant son œuvre même.

Ainsi s'explique ce qui était en même temps, et palpable aux sens et incroyable à l'idée; car il n'y avait qu'inconséquences, que contradictions.

Autrement, des hommes qui n'ont plus d'ame sans doute, mais qui peut être ont encore du sens, iraient-ils sans cesse harceler, baffouer, calomnier, et la religion dans ses dogmes et le culte dans ses ministres; par conséquent les mœurs en leur principe, les lois en leur origine; par conséquent les instincts de naissance, les habitudes de famille, enfin tous les rapports moraux de la société.

Malheureux sectaires dont le prophète favori, trop léger pour n'être pas naïf parfois, s'écriait :

Si Dieu n'existait pas, il faudrait l'inventer.

Malheureux sophistes, dont l'organe le plus dangereux, en raison combinée de la bonne foi et du grand talent, s'exprime dans le même sens (1).

Car enfin, pour peu qu'il leur survienne quelques momens lucides, c'est chose trop claire, trop sensible, qu'en ces siècles de déclin, le poison pénètre vite, et corrompt et dissout, sans que l'antidote soit jamais capable de le neutraliser; que le mal s'opère à l'aise, et qu'à grande peine le bien se réalise.

Autrement, ces hommes avoueraient - ils au moins, par leur silence, les plus ignominieuses diatribes, qui déversent la diffamation et ternissent les réputations, qui par tous les points suent le mensonge.

---

(1) M. Ancillon explique les causes de l'intérêt que *bon gré malgré*, les hommes prennent à la religion. « La religion, dit-il, ne « peut-être pour personne un objet indifférent. Ceux qui y « croient ne pourraient pas, sans contradiction, l'admettre et la « négliger par principe ; ceux qui ne la croient pas ne peuvent se « défendre de désirer qu'elle fût vraie ; ceux qui sont incrédules « au point de ne pas même le souhaiter, ne peuvent cependant « pas méconnaître un fait, c'est que la religion exerce un grand « empire sur la plupart des hommes. Par conséquent, ils doivent « convenir qu'en morale, en politique, dans la vie commune, il « faut s'occuper de ce ressort important. » (Tom. I, pag. 58 et 59).

Dans cette énumération des points de contact inévitables entre la religion et les individus de l'espèce humaine, M. Ancillon oublie les terreurs du vice : cette omission du philosophe fait l'éloge de l'homme.　　　　　　　　　　(Extrait du *Globe*.)

Le mensonge! venin le plus perfide, le plus traître ; car le tort ainsi causé à ceux qu'il a marqués pour ses victimes, s'efface vis-à-vis le mal porté à ceux dont il s'empare, dont il se fait des prosélytes, des croyans.

Voyez plutôt comment sous ses funèbres auspices, se dépravent les cœurs, se dégradent les esprits.

Pour ceux-là, rien ne demeure qui soit sacré, qui soit juste et honnête, qui soit moral à quelque titre que ce soit. Pour ceux-ci, rien ne se rencontre plus, qui soit évident et certain, rien qui soit vrai plutôt que faux; rien à peine qui soit réel plutôt qu'idéal, effectif plutôt qu'imaginaire.

Et l'esprit n'est plus qu'un lieu de ténèbres, n'est que le chaos, peuplé d'ombres fantastiques, qui passent et repassent, qui se suivent et ne se rallient pas.

Et le cœur n'est plus qu'un abîme sans bord et sans fond : n'est que le néant, déserté par les croyances, par les sentimens, même par les souvenirs.

Voilà cependant cette nation, telle que les gens l'ont faite, ou du moins telle qu'ils l'auront faite, s'il n'y est mis ordre aussitôt.

La voilà dans sa nudité.

Mais en un tel état, qui donc ne la repousserait

pas avec horreur, ne romprait pas toute accointance avec elle, surtout ne renierait pas toute influence sur elle.

Personne ! parmi les plus scélérats, les plus insensés que ce puisse être !

Cependant ce sont eux-mêmes qui ne se sentant pas capables d'enlever le pouvoir de vive force, seul but de leurs travaux, seule fin de leurs pensées, ont été amenés à miner les bases fondamentales, à saper les remparts tutélaires de toute société humaine.

De sorte qu'au moment du succès, le pouvoir saisi par leurs mains, manquerait seulement de matière sur quoi s'exercer, manquerait de société où se déployer, où se développer, manquerait d'être le pouvoir (1).

Qu'il ne soit plus question de la monarchie, de la dynastie : pour lutter avec les gens et les prendre au corps et leur faire crier merci, il faut

---

(1) On trouvera à la fin de cet écrit un passage de la *Gazette de France*, où la position inextricable des conspirateurs, après s'être installés dans les fauteuils ministériels, est rendue en une telle manière, que les patiens, sauf qu'ils ne soient fous, ont à trembler devant les destinées mêmes qu'ils poursuivent.

de nécessité, descendre sur le terrain où ils se
sont relégués.

Ne parlons que de la patrie : autant qu'il y a
moyen de la saisir, de la discerner, abstraction
faite de certaines conditions mises à l'écart.

La France est en Europe; voilà ce qu'on doit
entendre d'abord. Et elle tenait de tout temps, le
premier rôle sur le grand théâtre : même un jour
vint, où le théâtre qu'elle occupait seule, sur-
chargé du poids de tant de trophées, ne tarda pas
à s'enfondrer sous ses pieds.

Y a-t-il encore un théâtre? et un parterre en-
vieux et des loges soucieuses? Qu'on daigne seulement écouter? Ces mêmes scènes qui portent
ici tant d'horreur, tant d'épouvante, donnent ailleurs à rire, à siffler : trop juste compensation,
dont le pays paie les doubles frais.

Un mot de plus sur l'Europe.

Rien n'est beau, rien n'est doux, comme de
confiner le culte dans la sacristie, sauf à faire
sauter bientôt l'édifice ; comme de forcer les en-
trées du cabinet du roi, sauf à le mettre au plus tôt
à la porte : et du reste, d'organiser la discorde,
de constituer l'anarchie, de légaliser la licence,
de légitimer la révolte.

Certes, sous le marbre insensible, les mânes
des Brutus, des Gracchus, vont palpiter de joie.

Toutefois les goûts, chez l'individu, varient

du jour au lendemain ; parmi l'espèce, varient d'un pôle à l'autre, même d'une zône à l'autre.

Or qui sait si les rois jaloux, prendront plaisir à se voir détrôner, comme en exemple et presqu'en effigie ? qui sait même si les peuples craintifs seront charmés de voir se corrompre une nation voisine, de voir se dissoudre une société émule ; triste annonce du sort qui les menace.

N'importe : la guerre, c'est de la gloire, a dit quelqu'un.

Mais la gloire qui est hors de prix au sens des grandes ames, est aussi hors de prix au compte des bourses grandes ou petites.

Puis, ce n'est rien que de conjurer l'orage, que de repousser l'Europe couverte de ses armes naguère triomphantes : il convient de se venger d'une inique agression, de donner une forte correction ; il faut promener encore, de capitale en capitale, l'aigle peut-être ressuscité.

Qu'on aille donc voir, au secret des archives ou plutôt des consciences impériales, ce qui doit en coûter, non pas à l'Europe dévouée à la honte, mais à cette France prédestinée à la victoire ;

Et en fait d'écus, par les voies de la taxation, à l'aide des réquisitions, dont le cortège obligé se compose de la misère privée, de la ruine publique ;

Et en fait d'hommes, suivant les règles méthodiques de la conscription, qui au besoin dévore la jeunesse en sa fleur, qui met en coupe réglée les familles laborieuses, comme pour les intéresser de force, à un débat qui ne les touche en rien.

C'en est fait : l'Europe a fui devant nos regards : l'œil est ramené sur le sol de la France.

Qu'y reste-t-il ? Plus de croyances en haut, plus de confiance ici bas ; plus de sentiment ni de jugement ; bientôt plus d'affections, de rapports, de nœuds ; enfin plus d'habitudes, de coutumes, d'usages.

Tout retourne à l'individualité la plus mesquine, à la personnalité la plus sordide : auxquelles manquent encore, pour atteindre à leurs fins, le bon sens, le simple instinct.

Et la volonté est libérée au-dehors, de toute règle ; est asservie au-dedans, par le caprice.

Il y a une patrie, dites-vous ? mais à qui est cette patrie ? que fait-on de cette patrie ?

Vain fantôme, ombre froide et morne ! La patrie demeure dans les nues de l'idée : le sol défoncé ne lui offre pas un pied-à-terre ; les ames dégénérées se refusent à lui donner asile, à lui prêter appui.

Déja, d'où vient la cause des maux présens ; d'où sort le présage des maux futurs ?

C'est que d'un bord comme de l'autre, presqu'en égale mesure, chacun ne songe qu'à soi,

ne travaille que pour soi : et satisfait, se repose
en pleine quiétude; mécontent, se consume en
passions haineuses.

Or, parce que la patrie sera de fraîche date, de
forme nouvelle, y aura-t-il plus de confiance en
ses destinées, plus de dévouement à son service,
plus de soumission à ses lois?

Parce que la hiérarchie aura été culbutée, pré-
cipitant les uns du faîte, exhaussant de la fange,
les autres; y aura-t-il moins de chances à renverser les parvenus, les nouveaux venus?

Hélas! la patrie, ainsi que vous dites, ne sera
qu'une lice à combats, qu'une arène de gladia-
teurs, où la couronne non plus de chêne mais
d'or mat, à peine posée sur la tête, sera attaquée,
arrachée, et fera le tour de l'un à l'autre, parmi la
bande : sauf que le vainqueur du jour n'extermine
à propos les assaillans du lendemain, ne trans-
forme l'arène en un cimetière.

Mais laissons faire de la patrie, de la patrie à la
mode, à ces gens qui renient la patrie du vieux
goût, qui ont renié tant de patries de leur façon,
qui sans doute renieront jusqu'à la dernière patrie
à venir.

Cependant, quelque chose est, que ce soit ou
que ce ne soit pas une patrie : et de quelque chose
à toute autre chose, il y a un passage, une tran-
sition; même il y a un intervalle, un espace de

temps, où ce qui est n'étant déja plus, et ce qui sera n'étant pas encore, rien n'existe.

Et c'est la force de l'anarchie qui est implorée, pour franchir le périlleux passage : c'est la liberté de l'anarchie qu'il y aura à comprimer, pour se soutenir pendant l'intervalle équivoque.

L'anarchie se montre au départ, se retrouve à mi-route : doit-elle disparaître au terme ? Le cas advenant, tous les vœux y tendront ; seulement les espoirs n'y comptent pas !

Enfin, la royauté ne va pas s'évanouir ainsi qu'un léger songe. La royauté, comme à l'exemple de la divinité descendue sur la terre et revêtue des formes humaines, aura son agonie, et longue, terrible, épouvantable : car si le triomphe ne doit pas la couronner, la charge lui est imposée, de donner une mémorable, une tutélaire leçon.

Or, voyez la justice, voyez l'armée, ces puissances de l'ordre moral et de l'ordre matériel, qui sont organisées en corps, auxquels la loi dicte leur règle, qui sont composées d'individus sur lesquels l'opinion exerce son influence.

Leur devoir, leur intérêt se confondent : en qualité de corps, la honte, la ruine les attendent ; au titre d'individus, l'intrigue et le crime les supplanteront.

Aussi la justice, l'armée, dont l'existence en dérive, se rallient à la couronne, d'autant qu'elle est menacée ; et certaines de périr après elle, n'hésitent point à périr avec elle.

Rien de mieux, en cas de victoire ; car ces auxiliaires, revêtus d'une toute autre force, désormais ne laisseront ouverture à nuls périls.

Rien de pire en cas de défaite : car ces agens nécessaires de l'ordre social, domptés par la violence, décimés par la défiance, manqueront à l'Etat, ainsi abandonné à tous les hasards.

Qu'on essaie donc, sur les décombres de l'antique gouvernement, de relever une justice, sauf que ce soit la justice révolutionnaire, de réformer une armée, sauf que ce soit l'armée prétorienne.

Encore on sera parvenu à l'impossible : mais de quoi, avec quoi soutenir en son rang, la justice, et sustenter l'armée, en ses nécessités ?

Insensés qui prétendent construire un édifice politique dans le genre grandiose, avec ces matériaux brisés et réduits en poussière, avec ce ciment ramolli et tourné en boue !

A l'appel obligé des besoins, la réponse sera donnée par le manque absolu de moyens : à l'état de souffrance des services, le remède sera apporté par l'acte du refus des subsides.

Car ne voilà-t-il pas qu'au nom du droit, qu'au nom même du devoir, avec un accent d'énergumène, ils prêchent et professent, qu'en tel cas quelque peu louche, il est légitime et légal de s'abstenir de tout paiement d'impôt, de tout versement de la bourse privée en la bourse commune.

Eh mais ! c'est une leçon fort douce à accueillir par les égoïstes instincts, très bonne à rétorquer contre les appétits spoliateurs.

D'abord la routine s'oppose; puis l'exemple entraîne; enfin le lucre ravit.

C'est dommage : peut-être le merveilleux procédé n'aura pas réussi à temps, et seulement il sera mis en vigueur, au détriment des inventeurs.

Point de subsides au trône des siècles, disent les conspirateurs : point de subsides au sceptre d'hier, diront les contribuables.

Point de subsides, pour peu que la royauté soit accusée par-devant la haute cour du journalisme, de méditer quelque complot attentatoire aux institutions octroyées par sa grace, s'écrient les révolutionnaires.

Point de subsides, dès lors que l'anarchie, ou le républicanisme, ou l'impérialisme, seront pris en flagrant délit, et dûment convaincus d'avoir abattu et aboli cette royauté, qui entrait ou plutôt demeurait en prééminence, dans ces mêmes institutions, s'écrieront d'abord les royalistes, puis les libéraux.

Allez donc, nos amis, allez chercher au creux de vos cervelles, quelques argumens à réfuter, à réprimer ce mouvement unanime.

Et prenez soin que les argumens doivent être de sorte logique ou sophistique, si mieux vous aimez : car pour des argumens de sorte réelle et matérielle, à Dieu ne plaise que la justice, que l'armée, l'une et l'autre désorganisées, démoralisées, viennent vous en fournir !

Ainsi la question est réduite à des termes simples et ne laisse que cette alternative : ou de conserver le roi avec le royaume, ou de perdre le royaume avec le roi.

Et de même que le royaume ne peut vivre que sous certaines conditions requises, comme de posséder une force judiciaire qui maintienne la paix au-dedans, et une force militaire qui garantisse la paix au-dehors : de même la royauté ne peut vivre que sous les conditions parallèles de garder une volonté qui intervienne au besoin, de jouir d'un ascendant qui rende efficace l'exercice de la volonté.

Or, quant au royaume, sous quelque prétexte que ce soit, le refus de consentir les subsides, en ce qu'il emporte la ruine de ces services, constituerait un crime de lèse majesté nationale, au premier chef.

Quant à la royauté, quelque soit le motif, le renvoi forcé de ses ministres, en ce qu'il anéantit la volonté et détruit l'ascendant, constituerait un crime de lèse majesté royale, à titre égal, au pareil degré.

D'où le cas advenant, la chambre ayant forfait, cesse d'être.

Et le roi, intact de toute violation, le roi, *en vertu du droit inhérent à la couronne, sauve l'État et les lois elles-mêmes.* (Le comte Portalis, avril 1828 ; le comte Siméon, juillet 1828.)

EXTRAIT

DE LA *GAZETTE DE FRANCE.*

Insensés qui abandonnent le calme pour la tempête, et le port pour les écueils, qui veulent changer leur lit de roses contre la sellette où eux-mêmes ont placé le pouvoir ! Fut-il jamais situation plus désirable ? De la popularité, du renom, de l'influence, et tout cela sans frais de bourse, sans frais de talent; sans autre condition que de dire *non* où il faudrait *oui*, et *oui* où il faudrait *non*. Pour quelques amplifications de rhéteur et quelques chicanes d'avocat, ils se donnent le plaisir, sinon de détruire, au moins d'inquiéter, sinon de terrasser, au moins d'ébranler. Défendu à eux d'en venir à leurs fins, d'atteindre un jour ce but charmant que leur protestation de cent jours indique à la génération présente et aux générations futures. Mais s'ils ne peuvent chasser le monarque, ils peuvent du moins lui rendre le trône dur et la vie amère. Tout cela leur échappe s'ils parviennent au pouvoir ; c'est alors à eux de trembler ; c'est alors sur eux que retombent les fruits de leur politique. Ils voudront des respects; quel parvenu n'en exige pas ? Jugez comme le peuple qu'ils se sont fait accueillera ces exigences ; ils voudront au moins qu'on obéisse à leurs lois , eux qui nous ont appris à conspuer les lois les plus sacrées. Ils voudront quelque intervalle de calme et de tranquillité, ne fût-ce que pour leurs fondations nouvelles ; ils se trouveront face à face de toutes les passions déchaînées , de toutes les ambitions déçues ; car ils n'auront pu les satisfaire toutes. Des plans de réforme leur arriveront tous les jours, à toutes les heures, par toutes les voies, surtout par la voie sacrée de la pétition, tous impérieux , tous exclusifs. S'ils font un choix, il faudra combattre les réformateurs dédaignés ; s'ils n'en font pas, il faudra combattre tout le monde. Non , non ; le pouvoir ne leur va pas ; à peine y auraient-ils touché, qu'ils se sentiraient blessés ; il faut, s'ils veulent être mieux que des frondeurs, qu'ils attaquent sans jamais vaincre, qu'ils avancent sans jamais arriver. C'est la condition qu'ils se sont choisie eux-mêmes.

FIN.

Enquête analytique sur les vins ;
Du Refus des subsides ;
Les Conseils de 1828, extérieur.
Les Conseils de 1828, intérieur ;